COMMENTAIRE
DE LA LOI
SUR LA TRANSCRIPTION HYPOTHÉCAIRE

PAR

PAUL LEMARCIS

Docteur en Droit,
Avocat à la Cour Impériale de Rouen, Membre correspondant
de l'Académie de Législation de Toulouse.

PRIX : 1 FR. 50 C.

ROUEN,

LANCTIN, Éditeur, rue de la Grosse-Horloge, 33.

1855.

COMMENTAIRE
DE LA LOI
SUR LA TRANSCRIPTION HYPOTHÉCAIRE

PAR

PAUL LEMARCIS

Docteur en Droit,
Avocat à la Cour Impériale de Rouen, Membre correspondant
de l'Académie de Législation de Toulouse.

ROUEN,

LANCTIN, Éditeur, rue de la Grosse-Horloge, 33.

1855.

INTRODUCTION.

DE LA TRANSCRIPTION HYPOTHÉCAIRE. — SYSTÈME DU CODE NAPOLÉON. — HISTORIQUE. —

SOMMAIRE.

I. Conditions de tout bon système hypothécaire.
II. Le code Napoléon les a-t-il remplies? Exigeait-il la transcription pour les transmissions immobilières?
III. Inconvénients des transmissions occultes.
IV. Réformes proposées. Historique.
V. Objet de la nouvelle loi.

I. Le régime hypothécaire se lie à toutes les branches de la législation ; il intéresse l'industrie et le commerce comme l'agriculture, les capitaux comme les biens fonds, l'Etat comme les particuliers. Aussi, dans tous les pays, les législateurs se sont-ils attachés à faciliter, par l'établissement de règles sûres et prudentes, la fondation sur une large base du crédit foncier. L'expérience a aujourd'hui démontré pour tout le monde que le fondement de tout bon système hypothécaire est la publicité, c'est à dire la possibilité pour chacun de connaître exactement la position de la fortune immobilière de la personne avec laquelle il veut traiter, non pas seulement au point de vue des charges qui peuvent grever ses immeubles, mais encore au point de vue de l'existence régulière de son droit de propriété. Il serait en effet fort inutile pour celui qui cherche à placer ses capitaux avec sûreté, de savoir que les immeubles qu'on veut lui donner en gage ou lui transmettre en propriété, sont libres de toute hypothèque, s'il lui était impossible de se convaincre que ces immeubles n'ont pas cessé d'appartenir à celui qui s'en dit propriétaire. Comme aussi ce serait en vain qu'il en connaîtrait le véritable propriétaire, s'il ne pouvait connaître les dettes au payement desquelles ils sont affectés, puisqu'à son égard une action hypothécaire pourrait produire le même effet qu'une action en revendication. La publicité des mutations se lie donc essentiellement à la publicité des hypothèques, et l'on ne saurait porter atteinte à l'une sans également porter atteinte à l'autre.

II. Le Code Napoléon avait-il satisfait à cette double condition? A la publicité des hypothèques résultant de leur inscription sur un registre public, avait-il ajouté la publicité des transmissions de propriétés immobilières? Après la promulgation du code, la question se posa; l'on fut loin de s'entendre tout d'abord. A toutes les époques de notre histoire, la législation avait exigé, pour que la propriété immobilière se transmît au respect des tiers, un acte extérieur, qui fût pour le public un avertissement de la mutation qui venait de s'opérer. Sous l'ancienne législation, c'étaient les coutumes de nantissement, et pour les pays de droit écrit, les anciens principes du droit romain, d'après lesquels la vente n'était parfaite que par la tradition. *Traditionibus et usucapionibus dominia rerum, non nudis pactis transferuntur.*

Sous la législation intermédiaire, la loi du 11 brumaire an VII, avait soumis la transmission des propriétés à une formalité nouvelle, la transcription sur un registre public de l'acte translatif de propriété. En consultant ces registres, les tiers intéressés avaient un moyen facile et certain de connaître les véritables propriétaires d'un bien fonds. Le code lui-même avait assujetti à la nécessité de l'inscription les hypothèques judiciaires ou conventionnelles qui pourraient grever un propriétaire. Il n'était donc pas facile d'admettre que le législateur moderne eût renoncé à la publicité des transmissions de propriété. C'était là un défaut de logique qu'il était difficile de supposer à notre législation nouvelle.

Aussi des jurisconsultes éminents, imbus des anciens principes, refusèrent-ils de voir dans le Code Napoléon aucun changement au système de la loi de brumaire, et proclamèrent-ils le principe de la transcription comme base de la transmission de la propriété immobilière. Ils ne pouvaient croire à une révolution si profonde, opérée pour ainsi dire subrepticement; il n'y avait aucun texte de loi qui ait supprimé la nécessité de la transcription; il fallait l'induire du silence du code, d'une omission difficile à expliquer. Tout le monde sait en effet que le projet du code contenait un article relatif à la nécessité de la transcription; il était ainsi conçu : « *Les « actes translatifs de propriété, qui n'ont pas été transcrits, « ne peuvent être opposés aux tiers qui auraient contracté « avec le vendeur, et qui se seraient conformés aux dispositions de la présente.* » Nous ne reviendrons pas sur les vicissitudes qu'eut à traverser cette disposition. C'est là un point parfaitement connu de tout le monde. On peut voir, dans les travaux préparatoires du code, par quelles futiles considérations cette disposition fut attaquée, et comment, la discussion s'étant égarée sur des points secondaires, on en vint à présenter un second projet où cette disposition ne se retrouvait plus. « L'article proposé, a dit M. Troplong, ne reparut plus « par un retranchement fort difficile à expliquer; car aucune « résolution précise du conseil d'État ne la prescrivit. Ainsi « donc, l'une des plus grandes questions du régime hypothé- « caire fut emportée à la faveur d'une omission non motivée, « peut être par suite d'un malentendu ou d'un escamotage. »

Malgré ces résistances, la jurisprudence se fixa. Pénétrée de cette idée qu'ils sont chargés d'appliquer la loi et non de la réformer, les tribunaux consacrèrent la doctrine d'après laquelle le Code Napoléon avait supprimé la transcription, en attribuant aux obligations l'effet d'opérer la transmission immobilière, indépendamment de toute formalité extrinsèque.

Dès lors, il fallut reconnaître que, d'après le Code Napoléon, la transmission de propriété s'opérait au moment même de l'aliénation. Le nouveau législateur accordait, au consentement seul des parties, l'effet que la loi de brumaire n'attribuait qu'à la transcription. Entre deux acquéreurs, la préférence devait se régler par la date des acquisitions, indépendamment de toute possession ou de tout autre fait extérieur. Le code oubliait complétement les tiers, en méconnaissant l'importante distinction qui sépare l'obligation et la propriété.

III. Cette innovation malheureuse devait avoir pour résultat de vicier le système hypothécaire tout entier, puisqu'il laissait inconnue la mutation de propriété, base de l'édifice; on l'a dit avec raison : la propriété ne peut pas rester dans l'ombre comme l'obligation, engagement tout personnel; forcément, c'est un droit absolu qui doit être connu de tous pour être respecté par tous.

L'expérience ne tarda pas à démontrer tous les inconvénients du système adopté par le code et consacré par la jurisprudence. Il y avait là une lacune et un vice radical qui rendaient occulte l'état de la propriété, et imparfaite, en matière hypothécaire, la publicité, alors précisément qu'elle devrait être absolue. M. Laboulaye l'a fait remarquer avec raison : « Dire que, par « l'effet de l'obligation, écrivait-il en 1844, la propriété se « transmet du vendeur à l'acheteur, c'est une subtilité si vous « respectez le droit des tiers; la force des choses résiste aux « mots de la loi. Votre acquéreur, qui n'a pas le sol et qui ne « peut l'avoir, n'est qu'un créancier à fin de dommages-inté- « rêts. Si, au contraire, vous ne respectez pas le droit du « tiers possesseur, c'est un piége que vous tendez à la bonne « foi; la propriété est incertaine et le crédit foncier détruit,

« car la loi n'est alors qu'un instrument de fraude. » (*Histoire du droit de propriété foncière en Occident*, p. 152.)

Aussi les abus frappèrent tous les yeux; avec les principes du code, rien ne révélait, d'une manière certaine et publique, quel était le véritable propriétaire d'un immeuble; il n'existait aucun moyen de s'assurer de la vérité à cet égard, et, en traitant avec celui qui avait toutes les apparences du droit de propriété, l'on n'était jamais sûr de traiter avec le véritable propriétaire et d'acquérir des droits certains et irrévocables. Ainsi, un acquéreur fait transcrire son contrat, il se met en possession; il voit que l'immeuble n'est grevé d'aucune hypothèque; il paye son prix; il constitue des hypothèques à ses créanciers sur cet immeuble; mais voici que quelque temps après un tiers se présente porteur d'un acte sous seing privé, dont la date est antérieure par son enregistrement à la vente authentique. L'acquéreur a ignoré cet acte; on le lui a si bien caché qu'il n'a pu le découvrir, ni même en soupçonner l'existence. Or, cet acte sous seing privé comprend ou l'aliénation de la propriété entière du même immeuble, ou l'aliénation de l'usufruit, ou la cession d'un droit d'usage et d'habitation, ou la constitution de servitudes très-onéreuses, ou enfin un bail à longue durée, dont le prix aurait été payé d'avance. D'après le code, l'acquéreur par acte authentique et transcrit est dépouillé de sa propriété. Il perd la chose et le prix; ses créanciers sont évincés de leurs hypothèques, ou du moins il éprouve dans sa propriété de graves altérations, dont les conséquences s'étendent à ses créanciers. Voilà le résultat que produit la clandestinité d'un acte. Encore, si le second acquéreur pouvait, comme sous la loi romaine et sous l'ancienne jurisprudence, se prévaloir de sa bonne foi, il obtiendrait le maintien de son titre. Mais il ne peut pas y avoir de bonne foi pour lui. Le principe, que le consentement seul des parties rend la vente parfaite, est inflexible; il ne comporte ni ces nuances, ni ces distinctions.

C'était donc l'incertitude la plus absolue jetée sur ce qu'il y a de plus important dans une société bien organisée, sur la transmission de la propriété immobilière. C'était aussi la ruine du crédit foncier ou, du moins, l'un des obstacles les plus insurmontables à son développement. Les prêteurs étaient toujours sous le coup de menaces d'éviction. Dès que le capitaliste n'a pas le moyen de s'assurer que l'immeuble qui lui est offert comme gage est bien la propriété de l'emprunteur, tout le système hypothécaire est compromis ; l'hypothèque peut subitement disparaître par l'effet d'une revendication. C'était là un danger énorme contre lequel le code restait impuissant, un vice qui laissait la porte ouverte aux fraudes.

IV. La législation actuelle était défectueuse sur ce point ; il convenait donc de la réformer. Aussi, depuis de longues années déjà, les vœux les plus ardents étaient-ils formés en faveur de cette réforme. Dès 1826, l'honorable Casimir Périer mettait au concours la question de savoir quels étaient, en France, les vices et les lacunes des dispositions législatives et administratives concernant les prêts hypothécaires, et à l'aide desquelles réformes l'on pourrait diriger les capitaux vers cette nature d'emploi.

Plus tard, en 1841, le gouvernement fit faire, sous la direction de M. Martin (du Nord), alors ministre de la justice, une vaste enquête auprès de toutes les cours et les tribunaux, ainsi qu'auprès des facultés. Cet appel fait à la science et à l'expérience de tous les jurisconsultes fut entendu, et de cette enquête sortit un vaste et important travail, publié sous le titre de *documents relatifs au régime hypothécaire et aux réformes qui ont été proposées par les soins du ministre d'alors,* recueil précieux dans lequel se trouvent, le plus souvent avec les développements les plus complets, l'indication et l'examen des idées et des réformes utiles à introduire dans notre système hypothécaire.

En 1850, le Gouvernement proposa à l'Assemblée législative un projet de loi complet sur la réforme hypothécaire. Soumis à une commission composée des jurisconsultes les plus éminents qui siégeaient à l'Assemblée, ce rapport fut l'objet des études les plus consciencieuses et les plus approfondies. Porté deux fois devant l'Assemblée législative, il fut soumis à l'épreuve de la discussion publique. On peut lire dans le *Moniteur* les discussions savantes dont il fut l'occasion. Il était même arrivé à la seconde lecture, lorsque, par suite des événements d'alors, la discussion fut forcément interrompue. L'œuvre de l'Assemblée ne put être convertie en loi.

Au milieu des réformes que réalisait ce projet de loi, il en était une qui se faisait surtout remarquer par son caractère d'urgence : c'était la nécessité du rétablissement de la transcription. Pour celle-là, le Gouvernement de l'Empereur a compris qu'un plus long retard ne faisait que prolonger un état de choses reconnu impossible. C'est alors que, détachant de l'ensemble du projet de la réforme hypothécaire ce qui était relatif à la publicité à rétablir dans les transmissions de propriété, il a proposé au Corps législatif un projet relatif à la transcription hypothécaire. Il y avait d'ailleurs une raison d'opportunité : elle résultait de l'organisation, en France, des sociétés de crédit foncier. Ainsi que le faisait remarquer M. Adolphe de Belleyme, dans son rapport, si complet et si consciencieux, au Corps législatif : « Cette organisation aurait « dû être précédée de la réforme hypothécaire ; c'est le con- « traire qui a eu lieu. Cette marche n'a fait que confirmer les « prévisions de la théorie par les résultats de l'expérience. Le « crédit foncier lutte avec peine contre les difficultés d'une loi « vicieuse ; ses opérations s'en ressentent et son développe- « ment en souffre. Le Gouvernement a compris qu'il ne « devait pas laisser s'énerver et languir une institution qui « émane de lui, et que venir en aide aux établissements de « crédit foncier, c'était prendre les véritables intérêts de la

« propriété foncière et assurer le développement de son « crédit. »

Le Corps législatif a nommé une commission chargée d'examiner le projet de loi soumis par le Gouvernement. Cette commission se composait de MM. Delapalme, président; Alfred Leroux, secrétaire; de Belleyme (Adolphe), Desmaroux de Jaulmin, Duclos, Legrand et Allard. M. de Belleyme a été chargé de présenter à l'Assemblée le rapport de la commission. La discussion publique s'est engagée devant le Corps législatif, le 13 janvier dernier; elle s'est prolongée jusqu'au 18 janvier. C'est dans la séance du 18 que l'ensemble du projet a été adopté par 219 votants contre 7, sur 226 votants.

V. Telles sont, en résumé, les phases diverses à travers lesquelles la question de la transcription hypothécaire a passé. L'objet principal de la loi nouvelle est donc le rétablissement de la transcription, comme moyen d'assurer la transmission de la propriété à l'égard des tiers; ce n'est pas son objet exclusif. En effet, quelques dispositions sont relatives à l'action résolutoire du vendeur, aux hypothèques légales des femmes mariées, des mineurs et des interdits, aux cessions et subrogations d'hypothèque légale, et à l'abrogation des articles 834 et 835 du code de procédure. Tout en adoptant la forme du commentaire, les explications que nous nous proposons de donner se rattacheront donc à la transcription, à l'énumération des actes qui y sont soumis, à la manière dont elle doit être faite, et aux conséquences, soit de l'accomplissement, soit du défaut d'accomplissement de cette formalité. Nous examinerons ensuite, dans l'ordre des articles, tout ce qui est relatif aux hypothèques légales, à l'action résolutoire du vendeur, et aux cessions et subrogations d'hypothèques légales.

CHAPITRE PREMIER.

De la transcription hypothécaire.

SECTION PREMIÈRE.

Des actes soumis à la transcription.

ARTICLE PREMIER.

Sont transcrits au bureau des hypothèques de la situation des biens :

1° Tout acte entre vifs translatif de propriété immobilière ou de droits réels susceptibles d'hypothèques ;

2° Tout acte portant renonciation à ces mêmes droits ;

3° Tout jugement qui déclare l'existence d'une convention verbale de la nature ci-dessus exprimée ;

4° Tout jugement d'adjudication autre que celui rendu sur licitation au profit d'un cohéritier ou d'un copartargeant.

SOMMAIRE.

I. Quels sont les actes soumis à la transcription ?
II. Des ventes immobilières.
III. *Quid* de l'échange ?
IV. *Idem* des dations d'immeubles en payement ?
V. *Idem* des testaments ? des substitutions testamentaires ?
VI. *Idem* des transmissions *ab intestat* ?
VII. *Idem* des donations entre vifs ?

VIII. *Idem* des partages ?

IX. Les actes sous seing privé peuvent-ils être présentés à la transcription ?

X. Dans quel cas y a-t-il transmission d'immeubles ?

XI. Des actes portant renonciation à ces droits.

XII. Des jugements déclarant l'existence d'une convention verbale ci-dessus exprimée.

XIII. Des jugements d'adjudication. De quels jugements la loi entend-elle parler ?

I. La loi s'occupe d'abord de donner l'énumération des actes qu'elle soumet à la transcription. Cette énumération, elle se trouve dans les deux premiers articles. Il importe toutefois de remarquer que ces deux articles ne s'occupent pas de transmissions de la même espèce ; dans le premier, il s'agit des transmissions de la propriété elle-même ; dans le second, il ne s'agit que de certaines altérations apportées au droit de propriété, altérations qui, sans le faire passer sur la tête d'un autre individu, sont de nature à diminuer sensiblement sa valeur, et qui, à ce titre, devaient être portées à la connaissance des tiers. La loi de brumaire était moins prévoyante ; elle ne s'occupait que des actes contenant mutation de propriété. Cette lacune avait été depuis longtemps signalée ; il appartenait au législateur de 1855 de la combler.

Quels sont les actes qui devront, à l'avenir, être soumis à la formalité de la transcription ? C'est ce qu'il nous faut examiner maintenant.

II. Et, d'abord, devra être transcrit tout acte *entre vifs* translatif de propriété immobilière ou de droits réels susceptibles d'hypothèque. Ainsi, *toute vente d'immeubles* sera soumise à cette obligation ; c'est le type des contrats translatifs de propriété.

III. Sous cette dénomination se trouve nécessairement compris l'*échange*. Sauf les exceptions particulières exprimées par les art. 1704, 1705 et 1706, le Code Napoléon l'assimile en tout point à la vente. Il y a donc parité de raison pour exiger la transcription comme condition de sa perfection à l'égard des tiers. Une seule chose est utile à prescrire quant à ce genre particulier de contrat; c'est que, pour produire son effet à l'égard des tiers, il devra avoir été transcrit sur la tête des deux copermutants et dans les bureaux de la situation de tous les biens réciproquement acquis par voie d'échange.

IV. On doit aussi comprendre parmi les actes translatifs ou attributifs de propriété soumis également à la transcription, les *dations d'immeubles en payement* qui s'opèrent entre mari et femme, soit après partage, soit après séparation de biens sous le régime dotal. Ainsi, par exemple, en matière de partage de communauté, l'art. 1472 veut que les reprises de la femme ne soient pas bornées à un droit de prélèvement sur les biens de la communauté, et qu'elles puissent s'exercer sur les biens personnels du mari. Il peut donc être attribué à la femme *des immeubles du mari* pour le prix de ses biens personnels aliénés sans remploi et pour les indemnités qui lui sont dues par la communauté. Sous le régime dotal, la séparation de biens amène de pareilles liquidations, à la suite desquelles des immeubles du mari sont attribués à la femme en payement de ses droits. Dans ces divers cas, il y a évidemment mutation de propriété et nécessité de la rendre publique dans l'intérêt des tiers.

Il faut en dire autant *des abandons ou cessions d'immeubles* qui peuvent être faits par père, mère ou autre ascendant, à l'un des deux époux, soit pour le remplir de ce qu'il lui doit, soit à la charge de payer les dettes du donateur à des étrangers. C'est l'hypothèse de l'art. 1406 du Code Napoléon. Dans ce cas encore, il y a transmission de propriété.

V. La loi nouvelle ne s'occupe que *des actes entre vifs*; elle n'assujettit donc pas les *testaments* à la nécessité de la transcription. Des esprits novateurs l'avaient pourtant proposé. La question a été soumise à la commission, et elle a été de la part de celle-ci l'objet d'une discussion très-sérieuse. On lira avec le plus grand intérêt le résumé de cette discussion dans le rapport si complet de M. Adolphe de Belleyme. Le Corps législatif a repoussé cette innovation comme dangereuse et attentatoire au respect dû à la volonté des testateurs. Toutefois, il a été bien entendu qu'en affranchissant les testaments de la transcription, on n'entendait pas déroger à l'article 1069 du Code Napoléon, d'après lequel *les substitutions faites par testament* sont soumises à la formalité de la transcription aussi bien que celles faites par donation entre vifs, sans distinguer si le droit des appelés est à titre particulier ou à titre universel.

VI. De même, la loi nouvelle ne soumet point à la publicité *les transmissions immobilières opérées ab intestat.* L'on a considéré que le décès du propriétaire est un fait que constatent les registres de l'état civil, et que la transmission des biens aux héritiers se manifeste par l'adition de l'hérédité et par la possession.

VII. Quant *aux donations entre vifs*, elles ont été exceptées par une disposition formelle de l'application de la loi nouvelle et laissées sous l'empire des dispositions du Code Napoléon. « *Il n'est point dérogé, porte l'art.* 11, *aux dispositions du* « *Code Napoléon relatives à la transcription des actes portant* « *donation ou contenant des dispositions à charge de rendre;* « *elles continueront à recevoir leur exécution.* » On sait quelles controverses soulève la question de savoir quel est le caractère de la transcription exigée pour les donations d'immeubles et par quelles personnes le défaut de transcription peut être opposé. La doctrine et la jurisprudence sont complétement divisées sur ces divers points. Peut-être est-il regrettable que la loi nouvelle n'ait pas mis une fin à toutes ces controverses, en précisant la nature et les effets de cette formalité en matière de donation.

VIII. La loi nouvelle ne soumet pas à la nécessité de la transcription les *partages*. La commission les a formellement exclus des dispositions de la loi nouvelle. On a considéré que dans notre droit le partage est déclaratif et non attributif de propriété; que, si ce caractère est une fiction de la loi, cette fiction n'en est pas moins la base des règles et des effets du partage, et que la changer serait porter le trouble dans les dispositions du Code Napoléon sur cette matière.

IX. La loi soumet à la nécessité de la transcription *tout acte entre vifs translatif de propriété*. Elle ne distingue pas entre les actes authentiques ou les actes sous seing privé. Il faut donc en conclure que les *actes sous seing privé* peuvent être également présentés à la transcription. Cette généralité des termes employés par la loi est intentionnelle. La question de savoir si l'on n'admettrait à la transcription que les actes authentiques, a été posée au Corps législatif; elle a fait, au sein de la commission, l'objet de discussions très-vives et très-approfondies. Le rapport résumait, avec le plus grand soin, en les combattaut, toutes les raisons des adversaires des actes sous seing privé, et c'est en pleine connaissance que ces sortes d'actes ont été déclarés susceptibles d'être transcrits. « Se « renfermer dans ce qui est essentiel à la transcription, disait « le rapporteur en concluant sur ce point; ne pas innover, « sinon en droit, du moins en fait, dans les grands principes « du Code Napoléon; ne pas gêner la liberté, la facilité, la « rapidité des conventions privées, tels sont les motifs qui ont « décidé la majorité de votre commission à maintenir la lé- « gislation actuelle, qui autorise la transcription des actes « sous seing privé. »

X. L'art 1er ne soumet à la transcription les actes entre

vifs translatifs de propriété, qu'autant que ces actes ont pour objet une *propriété immobilière* ou des *droits réels susceptibles d'hypothèques*. Il ne rentre pas dans notre plan d'examiner ici ce qu'il faut entendre par *immeuble*, *propriété immobilière;* il nous faudrait, pour cela, commenter dans ses détails le titre 1er du livre 2 du Code Napoléon, sur la distinction des biens. Quant aux droits réels susceptibles d'hypothèques, l'art. 2118 du Code Napoléon en donne l'énumération; il faudra donc s'y référer lorsqu'il s'agira de savoir si le droit transmis est, oui ou non, un droit susceptible d'hypothèque, et, par conséquent, si l'acte qui constate cette transmission doit être transcrit.

XI. 2° *Tout acte portant renonciation à ces mêmes droits.* La renonciation d'un droit en faveur d'un tiers a en effet pour résultat de dessaisir le renonçant au profit de ce tiers; il y a donc une mutation de propriété; le droit passe de la tête de l'un sur la tête de l'autre. De là la nécessité de soumettre un pareil acte à la nécessité de la transcription.

XII. 3° *Tout jugement qui déclare l'existence d'une convention verbale de la nature ci-dessus exprimée.* En principe, les jugements sont déclaratifs; ils ne créent pas les droits, ils ne font qu'en reconnaître et proclamer l'existence. A ce titre donc, ils ne devraient pas être soumis à la transcription. Tel est aussi le principe; la loi nouvelle y fait pourtant exception quand le jugement déclare l'existence d'une convention verbale translative de propriété ou de droits réels susceptibles d'hypothèques; dans ce cas, l'on a considéré que la convention ayant été purement verbale, aucune publicité n'avait pu lui être donnée, la transcription ayant été matériellement impossible. Il était donc juste d'assujettir à cette formalité le premier acte qui en révélait l'existence. Cet acte, c'est le jugement qui le proclame. La loi n'impose pas aux avoués l'obligation de faire opérer la transcription pour ce cas. C'est à la partie intéressée à veiller à l'accomplissement le plus rapide de cette formalité.

XIII. 4° *Tout jugement d'adjudication autre que celui rendu sur licitation au profit d'un cohéritier ou d'un copartageant.* C'est là une innovation considérable; nous aurons à en apprécier toute l'étendue sous l'art. 3. Il nous suffira de constater, pour le moment, que les termes de la loi sont généraux, et qu'ils s'appliquent indistinctement à tout jugement d'adjudication. Ainsi les jugements d'adjudication sur expropriation forcée, aussi bien que les jugements d'adjudication par suite de licitation, seront désormais soumis à la formalité de la transcription. Quelle doit être la sanction de l'inaccomplissement de cette formalité? C'est là une question qui appartient au commentaire de l'art. 3, et que nous examinerons sous cet article.

ARTICLE 2.

Sont également transcrits :

1° Tout acte constitutif d'antichrèse, de servitude, d'usage et d'habitation;

2° Tout acte portant renonciation à ces mêmes droits;

3° Tout jugement qui en déclare l'existence en vertu d'une convention verbale;

4° Les baux d'une durée de plus de dix-huit ans;

5° Tout acte ou jugement constatant, même pour bail de moindre durée, quittance ou cession d'une somme équivalente à trois années de loyers ou fermages non échus.

SOMMAIRE.

I. La loi devait-elle soumettre à la transcription des actes autres que la transmission de propriété?

Des actes constitutifs : 1° d'antichrèse.

II. 2° De servitude. Y a-t-il lieu de distinguer entre les diverses espèces de servitude?

III. 3° D'usage et d'habitation.

IV. Des baux. Lesquels?

V. *Quid* si le bail excède dix-huit années?

VI. Des payements anticipés de loyers. Lesquels?

I. En admettant, dans l'intérêt des tiers, la nécessité de ne rendre publics que les actes portant aliénation de tout ou partie du patrimoine, la loi nouvelle eût été insuffisante. Aussi a-t-elle exigé la même formalité pour une autre classe d'actes qui, sans transporter la propriété sur une autre tête, la démembrent ou opèrent une diminution notable dans sa valeur. Sur ce point, les acheteurs et les prêteurs sur hypothèque seraient exposés à des mécomptes non moins fâcheux par l'ignorance où ils seraient des altérations subies par les immeubles qu'ils ont achetés ou acceptés pour gage, que par l'ignorance de la transmission du droit lui-même. C'est ainsi que l'art. 2 soumet à la transcription les actes constitutifs :

1° *D'antichrèse.* Les art. 2086 et 2087 du Code Napoléon en font un véritable usufruit qui, au lieu de s'éteindre à la mort de l'usufruitier, ne s'éteint que par l'entier acquittement de la dette pour laquelle elle a été consentie. Il y avait donc même raison de décider que pour l'usufruit.

II. 2° *De servitude.* Les servitudes sont des droits réels. Il en est qui, par leur importance, diminuent singulièrement la valeur de l'immeuble asservi et en paralysent la libre disposition. Il était donc très-intéressant de soumettre à la nécessité de la transcription les actes constitutifs de ces sortes de droits. Autrement les tiers qui, dans l'ignorance de pareilles constitutions, acquièrent sur l'immeuble des droits de propriété ou d'hypothèque, demeureraient exposés à des dangers comparables à ceux d'une éviction partielle.

Le texte de la loi est absolu; il parle des servitudes en général. Il n'y a donc pas lieu de distinguer entre les servitudes *apparentes ou non apparentes, continues ou discontinues.* Tout acte constitutif de servitude devra être transcrit. Le législateur a reculé devant les embarras de distinctions et de divisions qu'il était impossible de formuler d'une manière nette et précise.

III. 3° *D'usage et d'habitation.* Les droits d'usage apportent tous une notable diminution dans la valeur de l'immeuble; leur existence intéresse donc les tiers au plus haut point; de là, la nécessité de les porter à la connaissance du public par une manifestation extérieure.

Outre les actes constitutifs de ces sortes de droits, l'article soumet encore à la nécessité de la transcription *tout acte portant renonciation à ces mêmes droits et tout jugement qui en déclare l'existence en vertu d'une convention verbale.*

IV. La loi nouvelle assujettit aussi à cette formalité *les baux d'une durée de dix-huit ans.* Malgré le caractère de personnalité inhérent au droit du locataire, le bail à ferme ou à loyer, lorsqu'il est authentique ou qu'il a date certaine, s'attache à l'immeuble et le suit entre les mains de l'acquéreur. Il faut que celui-ci le subisse, quelque onéreux qu'il soit dans ses conditions, et que les créanciers supportent, de leur côté, la dépréciation qu'il opère dans leur gage; car l'expropriation n'a pas pour effet d'annuler les baux ayant date certaine avant le commandement. En principe donc il y avait nécessité de les rendre publics. Seulement il eût été injuste de soumettre à cette formalité tous les baux sans distinction et quelle que soit leur durée. Dans le projet, l'on n'avait appliqué cette règle qu'aux baux ayant plus de vingt-sept ans de durée. D'excellents esprits proposaient d'adopter comme limite les baux ayant une durée de neuf ans comme étant celle fixée naturellement par les diverses dispositions du Code Napoléon, où il est considéré comme sortant du cercle des actes d'administration du moment qu'il excède cette durée. Entre ces deux extrêmes, le législateur a pris un terme moyen ; il n'a exigé la transcription que pour les baux dont la durée excéderait dix-huit ans.

V. Si le bail excède dix-huit années, le défaut de transcription aura-t-il pour effet d'empêcher qu'il soit opposé aux tiers d'une manière absolue? Ou bien le locataire pourra-t-il s'en prévaloir au moins jusqu'à la durée de dix-huit années et soutenir que c'est pour la dix-neuvième année et les années ultérieures que l'acte est sans valeur vis à vis des tiers? L'article 3 s'est occupé de cette question, et il l'a décidée en ce sens que les baux qui n'ont pas été transcrits peuvent être opposés aux tiers pour une durée de dix-huit ans, et que c'est seulement pour la dix-neuvième année et les années subséquentes qu'ils leur sont inopposables.

VI. Un autre objet était aussi à régler en matière de baux ; c'étaient les payements de fermage par anticipation. L'art. 2 a soumis à la transcription *tout acte ou jugement constatant, même pour bail de durée moindre que dix-huit ans, quittance ou cession d'une somme équivalente à trois années de loyer ou fermages non échus*. Rien n'est plus équitable. Ces sortes de payements nuisent évidemment au crédit foncier, puisqu'ils exposent les acheteurs, les créanciers poursuivant saisie et les adjudicataires à se voir privés, pendant un temps plus ou moins long, des fruits de la chose vendue ou hypothéquée.

Le texte est clair : *tout payement par anticipation de loyers ou fermages non échus* doit être transcrit du moment que, par son importance, il excède trois années. Il importe de remarquer qu'il n'y a plus à distinguer ici entre les baux de dix-huit ans ou les baux de moindre durée. Dès l'instant qu'il s'agit d'un payement de plus de trois années de loyers non échus, la transcription de l'acte qui le constate est exigée.

Peut-être est-il permis de regretter qu'une part aussi large ait été faite à la mauvaise foi? Des esprits sérieux avaient proposé d'assujettir à la transcription toute quittance pour payements anticipés excédant une année. Cette restriction a été rejetée par la loi nouvelle.

SECTION II.

Des effets du défaut de transcription et des jugements prononçant la résolution de contrats transcrits.

—

ARTICLE 3.

Jusqu'à la transcription les droits résultant des actes et jugements énoncés aux articles précédents ne peuvent être opposés aux tiers qui ont des droits sur l'immeuble et qui les ont conservés en se conformant aux lois.

Les baux qui n'ont pas été transcrits ne peuvent jamais leur être opposés pour une durée de plus de dix-huit ans.

SOMMAIRE.

I. Quels sont les effets du défaut de transcription? Distinction entre les parties et les tiers.

II. Conséquences à l'égard des acquéreurs postérieurs.

III. *Idem* à l'égard des créanciers ayant acquis hypothèques ou des droits réels?

IV. A quel moment la transcription produit-elle effet?

V. Les créanciers chirographaires peuvent-ils se plaindre du défaut de transcription ?

VI. *Quid* d'un donataire postérieur ?

VII. *Idem* des légataires ou héritiers du vendeur ?

VIII. Du défaut de transcription quant aux jugements d'adjudication. Distinction.

IX. *Idem* quant aux baux.

X. De la manière dont se fait la transcription.

I. Après avoir énuméré les actes qui seraient à l'avenir soumis à la formalité de la transcription, la loi dans l'article 3 s'occupe des conséquences que pourra entraîner l'inaccomplissement de cette formalité ; elles sont faciles à préciser. Entre les parties contractantes, la convention n'en produit pas moins tous ses effets ; la vente est parfaite et le vendeur serait non avenu à opposer à l'acquéreur le défaut de transcription pour faire annuler la vente. Mais il en est autrement à l'égard des tiers ; la transcription de l'acte translatif de la propriété ou de l'un de ses démembrements est une condition essentielle de la transmission du droit. C'est ce qu'exprime d'une manière si complète l'article 3, lorsqu'il dit : « *Jusqu'à la transcription, les droits résultant des actes et jugements énoncés aux articles précédents ne peuvent être opposés aux tiers qui ont des droits sur l'immeuble et qui les ont conservés en se conformant aux lois.* »

II. Ainsi, entre deux acquéreurs successifs d'un même immeuble, la préférence est due à celui qui a le premier fait transcrire son titre. Et cette conséquence est vraie d'une manière absolue sans qu'il y ait lieu de distinguer si le premier acte de vente est authentique ou sous seing privé, ou s'il a ou non acquis date certaine avant même la date du second.

La question de bonne foi est également indifférente ; il importe donc peu que le second acquéreur ait ou non connu l'existence de la première vente ; légalement il n'est réputé en avoir eu connaissance que par la transcription. Sous la loi du

11 brumaire an VII, la cour de cassation avait très-nettement formulé ces principes. « On ne peut pas, lit-on dans un de ses « arrêts, accuser de fraude celui qui achète un immeuble qu'il « avait pu savoir déjà vendu à un autre, tant que cette pre- « mière vente n'est pas transcrite, et conséquemment il n'y a « pas eu transmission de propriété, car il n'y a pas fraude à « profiter d'un avantage offert par la loi. C'est au premier ac- « quéreur à s'imputer lui-même s'il n'a pas usé d'une égale « diligence pour faire transcrire son acte. » (Cassat., 3 thermidor an XIII.)

III. De même si, depuis la vente, le vendeur a consenti des hypothèques ou tous autres droits réels au préjudice de son acquéreur, et que ces hypothèques aient été inscrites avant la transcription, elles seront opposables à l'acheteur. Jusqu'à l'accomplissement de cette formalité, c'est toujours l'ancien propriétaire qui est réputé avoir conservé son droit.

IV. En 1841, lors de l'enquête faite par le gouvernement, l'on s'était beaucoup préoccupé de la question de savoir s'il convenait de fixer, pour la transcription, un délai qui rétroagirait au jour du contrat. Les opinions furent partagées. Le législateur de 1855 a préféré ne faire produire à la transcription l'investissement de la propriété qu'à compter de sa date sur les registres du conservateur. C'était aussi le système de la loi de brumaire : elle donnait effet à la transcription du jour de sa date. Et ce système est, en effet, le plus logique. Que produirait, en effet, un délai, si ce n'est de l'incertitude pour les tiers pendant la durée du temps donné à un contrat d'acquisition pour se manifester, et par suite le danger de traiter pendant le même délai, ou l'inconvénient, pour le propriétaire d'immeuble, de perdre l'occasion favorable qui s'offrirait à lui de vendre ou d'emprunter?

V. Si un acquéreur ou un créancier hypothécaire postérieur

peut opposer le défaut de transcription à l'acheteur morosif, il n'en est pas de même des créanciers chirographaires. A la rédaction primitive, qui parlait seulement des tiers, l'on a ajouté ces mots qui précisent le sens de la loi : *Aux tiers qui ont des droits sur l'immeuble.* Par là, l'on a voulu écarter la prétention des créanciers chirographaires qui auraient pu vouloir opposer le défaut de transcription ; ce droit leur est refusé par la loi.

VI. Mais que décider à l'égard d'un donataire postérieur à la vente, mais qui aurait transcrit avant l'acquéreur? Devrait-il être préféré à ce dernier? Nous ne le pensons pas ; il ne saurait bénéficier de la loi actuelle. Cette loi, en effet, n'a été faite que pour favoriser le crédit foncier et protéger les droits des tiers qui traitent ou ont traité à titre onéreux. Le donataire n'a rien à perdre ; la donation à lui faite n'a jamais eu d'existence ; elle émanait d'une personne qui avait cessé d'être propriétaire.

VII. C'est, à plus forte raison, qu'il faut refuser aux légataires et aux héritiers du vendeur ou de l'acheteur le droit d'opposer le défaut de transcription ; ces derniers ne sont, en effet, que les ayants cause du vendeur ; ils ne sauraient avoir de droits plus étendus que les siens.

VIII. Nous avons vu, sous l'art. 1er, que les jugements d'adjudication étaient également assujettis à la nécessité de la transcription. Est-ce à dire que jusqu'à l'accomplissement de cette formalité, le droit de l'adjudicataire soit incertain? Il faut distinguer.

Quant aux adjudications sur saisie immobilière, il nous semble que le droit de l'adjudicataire ne saurait avoir rien à craindre. Car le saisi qui, dès la transcription de la saisie, a perdu le droit d'aliéner au détriment des créanciers inscrits et du saisissant, ne recouvrera pas ce droit sans doute après l'adjudication, le résultat contraire serait par trop bizarre, et certes l'intention de la loi n'a pas été de le consacrer. Dans ce cas donc, la loi manquera de sanction.

Mais quant aux jugements d'adjudication sur licitation, encore bien que le danger ne soit pas très-sérieux, cependant ils tombent sous le coup de l'art. 3; ce ne sera qu'après la transcription du jugement d'adjudication que leur droit sera légalement irrévocable. Les adjudicataires agiront donc très-prudemment, avant de payer leur prix, en vérifiant, au bureau du conservateur, s'il n'y a pas eu de transcription antérieure à la leur.

IX. Quant aux baux, l'article dispose, ainsi que nous l'avons déjà vu, qu'à défaut de transcription, ils ne peuvent jamais être opposés aux tiers pour une durée de plus de dix-huit ans. Donc, les baux de longue durée n'en continuent pas moins d'être valables; ils ne sont pas nuls; seulement, à l'égard d'un acquéreur ou d'un adjudicataire, ils n'ont d'effet que pendant dix-huit ans, à partir de la vente ou de l'adjudication.

X. Avant de passer au commentaire de l'art. 4, il nous reste à examiner la question de savoir comment la transcription doit avoir lieu. L'art. 3 du projet primitif introduisait un nouveau mode de transcription. Il se composait du dépôt de la copie de l'acte transcrit et de l'inscription par extrait sur le registre du conservateur; cette double formalité produisait une complication sans amener une économie de temps; elle remplaçait la copie littérale par un simple extrait qui n'offrait ni les mêmes garanties, ni les mêmes avantages; enfin, la transcription n'était pas mentionnée sur l'original du titre. A ce double titre, elle offrait des inconvénients et des dangers. Voilà pourquoi la majorité de la commission a pensé que le mode de transcription suivi jusqu'à ce jour était préférable. Elle a proposé le rejet de l'art. 3, rejet qui a été accepté par le conseil d'État et adopté par le Corps législatif. On a donc maintenu la législation actuelle en ce qui concerne la manière d'opérer la transcription.

ARTICLE 4.

Tout jugement prononçant la résolution, nullité ou rescision d'un acte transcrit doit, dans le mois, à dater du jour où il a acquis l'autorité de la chose jugée, être mentionné en marge de la transcription faite sur le registre.

L'avoué qui a obtenu ce jugement est tenu, sous peine de 100 fr. d'amende, de faire opérer cette mention, en remettant un bordereau rédigé et signé par lui au conservateur, qui lui en donne récépissé.

SOMMAIRE.

I. Y avait-il lieu d'ordonner la transcription de jugements statuant sur la propriété d'un immeuble? Pourquoi la loi l'a-t-elle exigée?

II. Comment s'accomplit cette formalité? A qui incombe l'obligation de faire la mention? Dans quel délai? Sous quelle peine?

III. Sur quel avoué l'art. 3 fait-il retomber l'obligation d'inscrire?

I. Un jugement qui statue sur la propriété d'un immeuble est toujours, au fond, quelque variées que puissent être les questions à résoudre, déclaratif d'un droit préexistant. En pareil cas, il ne s'opère pas de mutation proprement dite. De là, il semblerait logique de conclure que les jugements rendus sur des demandes en délaissement, en nullité ou en résolution, ne doivent pas être soumis à la transcription. Aussi la loi nouvelle ne les assujettit-elle pas d'une manière absolue à l'accomplissement de cette formalité, en ce sens du moins que le défaut de transcription ne saurait avoir pour résultat d'arrêter un instant l'effet du jugement. Toutefois, le législateur a pensé avec raison que la mention des jugements prononçant la nullité ou la résolution d'actes transcrits était utile : ce devait être un moyen excellent de compléter le système de publicité que l'on adoptait; en mentionnant l'acte qui avait fait revivre les droits de l'ancien propriétaire un instant dépouillé, l'on rétablissait la succession des transmissions. C'est dans ce but que l'art. 4 impose à l'avoué qui l'a obtenu, l'obligation de *faire mentionner tout jugement prononçant la résolution, nullité ou rescision d'un acte transcrit* en marge de la transcription faite sur le registre. Ainsi, ce n'est pas à proprement parler une transcription que la loi exige, mais une simple mention.

II. Cette mention sera faite par le conservateur sur un bordereau rédigé et signé par l'avoué, et qui devra être remis par celui-ci *dans le mois* à dater du jour où le *jugement a acquis l'autorité de la chose jugée.* La sanction de cette obligation est une amende de 100 fr. contre l'avoué qui a omis de l'accomplir. Mais quel est l'avoué dont parle l'art. 4? C'est l'avoué de la partie qui a gagné son procès et qui a fait prononcer à son profit la nullité ou la résolution.

III. Mais sera-ce toujours et nécessairement l'avoué de première instance? Nous ne le croyons pas; il faut distinguer, suivant nous. Ou le jugement n'était pas susceptible d'appel, ou l'appel n'a pas été formé ; dans ces deux cas, c'est à l'avoué de première instance qu'il incombera de faire opérer, après l'expiration des délais d'appel, la mention prescrite par l'art. 4.

Si, au contraire, l'affaire a été portée en appel, ce sera évidemment à l'avoué de la cour à exécuter l'obligation prescrite par l'art. 4. Malgré les termes de cet article, qui ne parle que de *jugement* et de l'avoué qui l'a obtenu, cette distinction nous paraît résulter de la force même des choses.

ARTICLE 5.

Le conservateur, lorsqu'il en est requis, délivre sous sa responsabilité, l'état spécial ou général des transcriptions et mentions prescrites par les articles précédents.

Cet article a été adopté sans modification; il a pour objet d'établir ce principe incontestable, que les registres de la transcription sont des registres publics, et que chacun a le droit de s'en faire délivrer des copies. L'article du projet ne parlait que d'un état général; l'on a ajouté ces mots : *ou spécial.* Cette addition a eu pour but, suivant la remarque de M. le rapporteur, de faire comprendre que l'on a le droit de désigner aux conservateurs des hypothèques la transcription dont on désire avoir la copie, à l'exclusion de toutes les autres qui auraient pu avoir lieu relativement au même immeuble.

SECTION III.

Des effets de la transcription.

ARTICLE 6.

A partir de la transcription, les créanciers privilégiés ou ayant hypothèque aux termes des art. 2123, 2127 et 2128 du Code Napoléon, ne peuvent prendre utilement inscription sur le précédent propriétaire.

Néanmoins le vendeur ou le copartageant peuvent

utilement inscrire les privilèges à eux conférés par les art. 2108 et 2109 du Code Napoléon, dans les quarante-cinq jours de l'acte de vente ou de partage, nonobstant toute transcription d'actes faits dans ce délai. Les art. 834 et 835 du Code de procédure sont abrogés.

SOMMAIRE.

I. Quels sont les effets de la transcription opérée? Abrogation des art. 834 et 835 du Code de procédure.

II. Motifs et effets de cette innovation.

III. Exceptions à ce principe.

IV. 1° En faveur du vendeur. Dans quel délai pourra-t-il inscrire?

V. Quel sera le point de départ de ce délai?

VI. Combinaison de l'art. 6 avec l'art. 2108 du Code Napoléon.

VII. 2° En faveur du copartageant.

VIII. La transcription du dernier contrat s'applique-t-elle aux précédents propriétaires de l'immeuble, lorsque leurs noms et prénoms y sont indiqués?

IX. La transcription est sans effet quant aux vices intrinsèques.

I. Après s'être occupé, dans l'art. 3, des effets du défaut de transcription, le législateur détermine ici, en les précisant, les effets de la transcription. Ils sont faciles à comprendre. L'accomplissement de la transcription a pour conséquence, d'après la loi nouvelle, de faire immédiatement passer la propriété de l'immeuble vendu sur la tête de celui qui l'a acheté. A ce moment, l'acquéreur devient, sauf les restrictions dont il va être parlé, propriétaire incommutable. Sous l'empire du Code Napoléon, la transcription n'était qu'un moyen d'arriver à la purge des hypothèques; et l'acquéreur était passible non-seulement des hypothèques inscrites antérieurement à la date de son titre, mais encore de celles pour lesquelles inscription avait été prise dans la quinzaine de la transcription. Telle était la disposition des art. 834 et 835 du Code de procédure civile.

La loi nouvelle abroge d'une manière expresse ces deux articles et elle dispose formellement qu'*à partir de la transcription, les créanciers privilégiés ou ayant hypothèque aux termes des art.* 2123, 2127 *et* 2128, *ne peuvent prendre utilement inscription sur le précédent propriétaire.*

II. Ainsi donc aujourd'hui le défaut d'inscription d'un privilége ou d'une hypothèque, soit conventionnelle, soit judiciaire, sur un immeuble, avant la transcription de la vente, entraîne la déchéance du droit hypothécaire. Après la transcription, il est trop tard; l'ancien délai de quinzaine a disparu. C'est là une innovation considérable qui a été vivement combattue dans le sein du corps législatif; ses adversaires la considéraient comme funeste au crédit, en ce que le créancier qui vient de prêter ses fonds est exposé à voir son emprunteur vendre aussitôt son immeuble à un tiers qui pourra avoir fait transcrire avant que lui, créancier, n'ait eu le temps de prendre l'inscription conservatoire de son droit; il perdra donc ainsi son argent.

Ces raisons n'ont pas prévalu. Tout entier à la pensée de conserver l'harmonie si désirable entre les diverses parties d'un même système, le législateur a supprimé la disposition de l'art. 834, en rétablissant celle de la loi de brumaire, qui attachait à la transcription l'effet d'arrêter le cours des inscriptions. On faisait remarquer, en effet que, si la transcription d'une vente ne laisse plus de place pour la transcription des ventes antérieures, il y a identité de raison, par application du principe de publicité qui donne la vie aux aliénations et aux hypothèques, pour ne tenir compte que des droits hypothécaires qui se seraient révélés par des inscriptions prises avant la transcription. Aux inconvénients signalés par les adversaires de cette innovation, l'on répondait que sans doute l inconvénient signalé plus haut pourra se présenter, mais qu'il sera facile d'y remédier. Le prêteur déposera ses fonds chez le notaire, et ils ne seront délivrés à l'emprunteur que s'il est reconnu qu'avant l'inscription il n'existait pas de transcription.

III. Tel est aujourd'hui le principe consacré par la loi nouvelle; après la transcription, plus d'inscription possible. Toutefois, à ce principe, l'art. 6 apporte deux exceptions; la première, pour le privilége du vendeur; la seconde, pour celui du copartageant. Pour ces deux catégories de priviléges, mais pour ces deux catégories seulement, l'art. 6 dispose : « *Néanmoins le vendeur ou le copartageant peuvent utilement inscrire les priviléges à eux conférés par les art.* 2108 *et* 2109 *du Code Napoléon, dans les quarante-cinq jours de la vente ou du partage, nonobstant toute transcription d'actes faits dans ce délai.* » Reprenons successivement chacune de ces deux exceptions.

IV. 1° *Du privilége du vendeur.* Les auteurs du projet n'avaient pas admis d'exception au principe que nous venons de préciser; ils avaient pensé qu'il convenait de l'appliquer dans toute son étendue. La commission ne crut pas pouvoir adhérer à une innovation aussi radicale; elle insista pour qu'un délai fût accordé au vendeur afin d'inscrire son privilége, et un délai supérieur à celui de quinze jours; elle indiqua deux mois. Le conseil d'État fut d'avis de n'accorder que quinze jours. Sur de nouvelles observations de la commission, le conseil d'État a concédé un mois. « Ce n'est pas, il est vrai, disait « M. le rapporteur, ce qu'aurait réclamé la commission, mais « il est juste aussi de reconnaître qu'entre un mois et l'ab- « sence de tout délai la différence est grande. » La commission était donc d'avis qu'il y avait lieu de s'arrêter à ce délai.

Devant le Corps législatif, l'insuffisance de ce délai fut l'objet de vives attaques : M. Delapalme, président de la commission, démontra de la manière la plus évidente les dangers d'un délai aussi court. Ce fut alors que, sur la demande de M. Rouher, la discussion fut ajournée au lendemain, et le lendemain il fut déclaré au Corps législatif que les commissaires du gouvernement, dans leur désir de voir toujours régner la bonne harmonie entre le Gouvernement et le Corps législatif, avaient examiné de nouveau avec soin toutes les objections qu'on avait exposées avec une grande autorité, et que, dans la séance du lendemain, un décret serait présenté à la chambre pour porter à quarante-cinq jours le délai précédemment fixé à trente. Le lendemain, en effet, le décret annoncé fut apporté à la chambre; et ainsi se trouva définitivement *fixé à quarante-cinq jours* le délai pendant lequel le vendeur devrait faire inscrire son privilége.

V. Le point de départ de ces quarante-cinq jours n'est pas la transcription de la vente, *mais le jour même de la vente.* Le vendeur n'aura donc pas de temps à perdre s'il veut conserver son droit de privilége, et même son action résolutoire, ainsi que nous le verrons sous l'article suivant.

VI. Grâce au rétablissement de la transcription dans nos lois, l'art. 2108 du Code Napoléon, que tous les commentaires qualifiaient de lettre morte, va reprendre un sens et avoir une signification. On sait quelles en sont les dispositions : « Le « vendeur privilégié conserve son privilége par la transcription « du titre qui a transféré la propriété à l'acquéreur, et qui « constate que la totalité ou partie du prix lui est due; à l'effet « de quoi la transcription du contrat faite par l'acquéreur « vaudra inscription pour le vendeur ou pour le prêteur qui « lui aura fourni les deniers payés, et qui sera subrogé aux « droits du vendeur par le même contrat; sera, néanmoins, « le conservateur des hypothèques tenu, sous peine de tous « dommages et intérêts envers les tiers, de faire d'office l'ins- « cription sur son registre des créances résultant de l'acte « translatif de propriété, tant en faveur du vendeur qu'en « faveur des prêteurs, qui pourront aussi faire faire, si elle ne « l'a été, la transcription du contrat de vente, à l'effet d'ac- « quérir l'inscription de ce qui leur est dû sur le prix. »

Ainsi, d'après cet article, la transcription de l'acte de vente vaut inscription du privilége du vendeur. Le conservateur est même chargé, sous sa responsabilité personnelle, de prendre une inscription d'office. Donc, toutes les fois que l'acquéreur aura fait transcrire avant l'expiration du délai des quarante-cinq jours, le vendeur n'aura rien à faire. Mais la faculté que lui reconnaît l'article 6 de la loi nouvelle n'en est pas moins très-précieuse, puisqu'elle lui donne le droit, sans faire transcrire, de prendre une inscription dans les termes du droit commun. L'on n'a pas voulu que le vendeur puisse ainsi rester à la merci d'un acquéreur morosif.

VII. 2° *Du privilége du copartageant.* Le copartageant, comme le vendeur, aura le droit, pendant quarante-cinq jours à partir du jour du partage, de prendre une inscription pour conserver le privilége que l'art. 2109 lui accorde en ces termes : « Le cohéritier ou le copartageant conserve son pri-« vilége sur les biens de chaque lot ou sur le bien licité pour « *les soulte et retour de lots ou pour le prix de la licitation*, « par l'inscription faite à sa diligence dans soixante jours, à « dater de l'acte de partage ou de l'adjudication par licita-« tion. » Ainsi ce ne sera plus un délai de soixante jours que le copartageant aura, mais seulement un délai de *quarante-cinq jours*.

VIII. La question de savoir si la transcription du dernier contrat de vente suffit pour opérer la purge au profit de l'acquéreur relativement aux précédents propriétaires dont les noms été mentionnés dans le contrat, a été posée devant le Corps législatif. C'est, on le sait, une question très-controversée dans la pratique. M. Adolphe de Belleyme a fait remarquer que la question posée et qui partage les cours souveraines, est une question de jurisprudence et de régime hypothécaire. La loi nouvelle n'a donc pas pour objet de la résoudre. Ajoutons qu'un membre de la chambre, M. Allard, répondit à cette question en disant que la question lui paraissait résolue par la loi nouvelle, qui dispose clairement que la transcription opère la purge à l'égard de ceux qui n'ont pas fait inscrire antérieurement leurs droits. Ce n'est là, il est vrai, qu'une opinion personnelle, mais qui a le mérite d'être conforme à la doctrine qui paraît l'emporter aujourd'hui dans la doctrine et dans la jurisprudence. (Voir MM. Delvincourt, t. 3, p. 363 ; Merlin, v° transcription, p. 106, note ; Grenier, t. 2, p. 166 ; Troplong, t. IV, n° 913, et les arrêts de la cour de cassation des 13 décembre et 14 janvier 1818.)

IX. Remarquons enfin que, si la transcription a pour but de consolider sur la tête de l'acquéreur la propriété immobilière, elle est tout à fait sans influence en ce qui touche les vices intrinsèques du contrat de vente, tels que le défaut de consentement, l'erreur sur la chose, la dissimulation, le dol et la fraude. Encore bien qu'elle ait été transcrite, une vente n'en reste pas moins exposée à toutes les attaques que le vendeur peut avoir à diriger contre elle à raison de ces divers motifs.

Tel est l'ensemble des principes que consacre la loi nouvelle relativement à la transcription ; nous avons dit qu'il y avait encore dans cette loi quelques dispositions importantes, étrangères à la transcription, sur lesquelles il nous reste à nous expliquer. Elles font l'objet du chapitre suivant.

CHAPITRE II.

Des dispositions relatives à l'action résolutoire du vendeur et aux hypothèques légales des femmes mariées, des mineurs et des interdits.

—

SECTION Ire.

De l'action résolutoire du vendeur.

ARTICLE 7.

L'action résolutoire établie par l'art. 1654 du Code Napoléon ne peut être exercée, après l'extinction du privilége du vendeur, au préjudice des tiers qui ont acquis des droits sur l'immeuble du chef de l'acquéreur, et qui se sont conformés aux lois pour les conserver.

SOMMAIRE.

I. Des dangers de l'action résolutoire sous le Code Napoléon.
II. Quelles réformes y avait-il à apporter?
III. Théorie de la loi nouvelle.
IV. Conséquences du défaut d'inscription.

I. L'article qui précède est une innovation profonde; elle est relative à l'action résolutoire qui appartient au vendeur. Tout le monde sait combien, sous l'empire du Code Napoléon, l'exercice de cette action était périlleuse pour le crédit foncier. Le Code Napoléon n'avait, en effet, soumis son exercice à aucune condition ; rien d'ailleurs n'en révélait l'existence aux tiers. Elle durait trente ans, et, pendant tout ce long espace de temps, elle sommeillait dans l'ombre. La jurisprudence avait même admis, et dans l'état des textes de la loi c'était une nécessité, que le vendeur qui avait laissé périmer son privilége, qui y avait même renoncé d'une manière expresse, conservait néanmoins pendant trente années son action résolutoire, véritable épée de Damoclès perpétuellement suspendue sur la tête des acquéreurs et des prêteurs.

II. Le mal était immense, tout le monde reconnaissait l'urgence du remède. En 1851, devant l'Assemblée législative, l'action résolutoire fut l'objet des attaques les plus vives. La commission elle-même, par l'organe de M. Vatimesnil, son rapporteur, en demanda la suppression dans nos codes comme préjudiciable aux tiers, nuisible au crédit et sans utilité pour les vendeurs. Mais la conservation de ce droit sacré trouva d'énergiques et puissants défenseurs dans l'Assemblée. MM. Rouher, alors ministre de la justice, et Valette, professeur à l'école de Paris, démontrèrent jusqu'au dernier degré de l'évidence la nécessité de maintenir l'existence d'un droit qui se rattache si profondément au droit de propriété lui-même. « Vous abolissez la propriété, disait M. Crémieux aux « adversaires de cette action, sous prétexte d'ouvrir le crédit. « Eh bien! moi, je vous le déclare, moi qui suis un des par- « tisans les plus zélés du crédit foncier, que si vous devez lui « donner une telle base, je n'en veux point; je ne veux pas « que vous détruisiez la justice sous prétexte de faciliter la « circulation de l'argent, je veux que l'argent circule honnê- « tement, loyalement, et il n'y a ni honnêteté, ni loyauté à « dépouiller un vendeur pour un acquéreur. »

III. L'action résolutoire n'est préjudiciable aux tiers que parce qu'elle est occulte. Il ne s'agissait que de prendre les moyens de lui donner une publicité désirable, et toutes les objections devaient disparaître. Telle est la pensée qui a animé le Corps législatif. L'action résolutoire est maintenue au profit du vendeur; seulement, son existence sera subordonnée à l'existence du privilége. En décidant donc que le droit résolutoire sera conservé par l'inscription du privilége, on pare à tout inconvénient. Les tiers seront avertis par l'inscription prise sur l'immeuble; l'existence du privilége leur révèlera en même temps l'existence de l'action résolutoire. Tel est le sens et la portée de l'art. 7, d'après lequel « *toute action résolutoire* « *établie par l'art.* 1654 *du Code Napoléon, peut être exercée* « *après l'extinction du privilége du vendeur*, *au préjudice de* « *tiers qui ont acquis des droits sur l'immeuble du droit de* « *l'acquéreur, et qui se sont conformés aux lois pour les* « *conserver.* »

IV. C'est là une innovation considérable. Les vendeurs devront y prendre garde. Faute d'avoir pris inscription dans les quarante-cinq jours de la vente, ils perdront et leur privilége, et leur action résolutoire. A l'égard des tiers, ce droit sera anéanti entre leurs mains.

SECTION II.

Des dispositions relatives aux hypothèques légales des femmes mariées, des mineurs et des interdits.

Si la veuve, le mineur devenu majeur, l'interdit relevé de l'interdiction, leurs héritiers ou ayants cause, n'ont pas pris inscription dans l'année qui suit la dissolution du mariage ou la cessation de la tutelle, leur hypothèque ne date, à l'égard des tiers, que du jour des inscriptions prises ultérieurement.

SOMMAIRE.

I. Des hypothèques légales. Inconvénients. Réformes. Théorie de la loi nouvelle.

II. De l'obligation d'inscrire après le veuvage ou la majorité. Dans quel délai ?

III. Quel est le point de départ de ce délai ?

IV. Les héritiers sont-ils soumis à cette obligation ?

V. Quelles sont les conséquences du défaut d'inscription ?

I. C'est une question très-controversée en législation, que celle de savoir si les hypothèques légales des femmes mariées, des mineurs ou des interdits doivent être soumises à un système de publicité complet, comme les hypothèques judiciaires ou conventionnelles, ou si, au contraire, il n'est pas plus sage et plus conforme à l'intérêt de tous de maintenir la dispense d'inscription établie par le Code Napoléon. Quelque intérêt qu'elle présente, ce n'est pas ici le lieu d'examiner cette difficulté ; constatons seulement que, malgré les attaques incessantes dont le système du Code a été l'objet, en 1841, lors de l'enquête faite par le gouvernement, tous les corps constitués furent d'avis qu'il y avait lieu de le maintenir en ce qui concernait la dispense d'inscription. Toutefois, l'on reconnut qu'il y avait quelques réformes à opérer. Ainsi, notamment l'on fit remarquer que le plus grand abus de la dispense d'inscription venait de ce que, d'après le Code, cette dispense survit aux causes qui l'ont fait établir et se prolonge au delà du terme des incapacités en vue desquelles elle a été accordée. C'était tout à la fois un défaut de logique et un danger considérable pour les tiers. Ainsi, la tutelle a cessé d'exister, la femme est rentrée dans l'exercice de ses droits ; le pupille ou la femme sont décédés, les faits qui auraient pu avertir les tiers sont plus ou moins effacés. L'on a pensé avec raison qu'il devait être tenu compte de ces circonstances pour limiter la durée de la dispense d'inscription. C'est cette amélioration que l'art. 8 a eu pour but de réaliser.

II. Le texte en est simple et d'une intelligence facile. Pendant la durée du mariage ou de la tutelle, les hypothèques légales des femmes mariées, des mineurs ou des interdits continueront à être dispensées de l'inscription ; dans ces limites, le système du Code Napoléon est maintenu intégralement, et l'on devra continuer d'appliquer les principes proclamés tant par la loi que par la jurisprudence en cette matière. Mais après l'événement qui aura relevé de leur incapacité les incapables que la loi protége, la dispense cessera ; seulement la loi accorde un délai de grâce pendant lequel l'hypothèque légale pourra être inscrite. Ce délai est d'une année. C'était le temps donné par les art. 58 et 64 de l'édit de 1673 ; il semble, en effet, devoir être suffisant. Ceux qui recouvrent ou acquièrent l'exercice de leurs droits sont sans excuse lorsqu'ils négligent pendant une année d'accomplir une formalité si simple, car leur position nouvelle doit éveiller leur sollicitude.

III. L'art. 8 ne laisse non plus aucun doute sur l'époque à partir de laquelle ce délai d'une année devra courir contre l'incapable devenu maître de ses droits. Il ne considère que la dissolution du mariage, l'avénement à la majorité ou la levée de l'interdiction. Donc, rien de plus simple à déterminer : le délai courra du jour de la mort de l'un des époux, du jour où le mineur aura atteint l'âge de vingt-un ans ou du jour du jugement qui aura donné mainlevée de l'interdiction. L'on avait proposé d'ajouter à ces circonstances les jugements de séparation, soit de corps, soit de biens. A compter de ce jour, disait-on, une femme ne saurait craindre de donner de la publicité à ses réclamations contre son mari ; son état de lutte avec ce dernier témoigne assez de l'indépendance nécessaire pour remplir la formalité de l'inscription. Le législateur n'a pas admis cette extension ; il a considéré avec raison que, si la séparation de corps ou de biens avait pour effet de rendre à la femme une certaine liberté, quant à l'administration de ses biens, cependant le lien du mariage n'en continuait pas moins à subsister, ainsi que l'état de dépendance de la femme à l'égard de son mari ; que, d'ailleurs, ce n'était pas là un état définitif, puisque la séparation de corps et la séparation de biens peuvent cesser de produire leurs effets par la réconciliation des époux ou par le retour du mari à meilleure fortune.

IV. L'obligation d'inscrire dont parle l'art. 8 n'est pas seulement imposée à la femme mariée devenue veuve ou au mineur devenu majeur ; elle pèse également sur leurs héritiers. Ainsi, dans l'année qui suivrait la dissolution du mariage par le décès de la femme, ou la mort du mineur ou de l'interdit, leurs héritiers ou ayants cause seront tenus de faire inscrire l'hypothèque légale que leur auteur avait sur les biens du mari ou du tuteur. Cette inscription devra être prise dans les termes de l'art. 2148.

V. Quant à la sanction attachée à l'accomplissement de l'obligation dont parle l'art. 8, elle est très-sévère ; elle consiste dans la perte du droit pour la femme mariée, le mineur ou l'interdit, de donner à leur hypothèque la date de la célébration du mariage ou de l'ouverture de la tutelle. « A défaut d'inscription, porte l'art. 8, leur hypothèque ne date, à l'égard « des tiers, que du jour des inscriptions prises ultérieure- « ment ; » c'est à dire qu'elle sera primée par toutes les hypothèques qui auront pu être consenties pendant la durée du mariage ou de la tutelle. On le voit donc, cet article contient toute une révolution dans le système des hypothèques légales. Les femmes mariées, les mineurs, les interdits, leurs héritiers ou ayants cause ne sauraient trop se pénétrer des devoirs nouveaux que leur impose la loi nouvelle.

SECTION III.

Des dispositions relatives aux subrogations à l'hypothèque légale de la femme.

—

ARTICLE 9.

Dans le cas où les femmes peuvent céder leur hypothèque légale ou y renoncer, cette cession ou cette renonciation doit être faite par acte authentique, et les cessionnaires n'en sont saisis à l'égard des tiers que par l'inscription de cette hypothèque prise à leur profit, ou par la mention de la subrogation en marge de l'inscription préexistante.

Les dates des inscriptions ou mentions déterminent l'ordre dans lequel ceux qui ont obtenu des cessions exercent les droits hypothécaires de la femme.

SOMMAIRE.

I. De la subrogation à l'hypothèque légale des femmes mariées. Abus. Renvoi.

II. Sous le code, la subrogation devait-elle être inscrite? Comment se réglait le rang entre les subrogés? Pouvait-elle avoir lieu par acte sous seing privé?

III. Changements apportés par la loi nouvelle sur ces trois points.

IV. Pourquoi l'inscription?

V. Des effets de l'inscription.

VI. Des effets du défaut d'inscription.

I. Il faut d'abord remarquer que la loi actuelle n'a pas pour but de modifier, en quoi que ce soit, la législation relative aux droits de la femme mariée en matière de cession ou de renonciation à une hypothèque légale. Ainsi donc, la question de savoir dans quels cas une femme mariée peut céder son hypothèque légale, ou y renoncer en faveur d'un tiers, reste tout à fait en dehors de l'art. 9. C'est d'après les principes du droit commun que cette difficulté continuera à être résolue, comme par le passé. Aussi, les termes mêmes de l'art. 9 sont-ils complétement en rapport avec son but : « *Dans le cas où les femmes peuvent céder leur hypothèque légale ou y renoncer, cette cession, etc.* » Il n'appartient donc pas à notre sujet de discuter ici toutes les questions délicates que soulève la matière des subrogations à l'hypothèque légale des femmes mariées, la loi que nous commentons ne s'étant pas occupée et n'ayant pas voulu s'occuper de l'ensemble de ce sujet. (Voir, sur cette matière, l'excellente monographie publiée par M. Bertauld, sous le titre de la *Subrogation à l'hypothèque légale des femmes mariées.*

II. Sous l'empire du Code Napoléon, il était incontestable que la subrogation à l'hypothèque légale de la femme pouvait avoir lieu aussi bien par acte sous seing privé que par acte authentique. La question s'était élevée de savoir si, pour produire effet, la subrogation devait être inscrite, et si, dans l'origine, il y avait eu controverse; la doctrine et la jurisprudence n'avaient pas tardé à se mettre d'accord pour reconnaître qu'aucun texte n'imposait au subrogé l'obligation de rendre publique la subrogation consentie en sa faveur en la faisant inscrire ou mentionner sur les registres des hypothèques. On faisait remarquer que les créanciers subrogés aux droits de la femme devaient avoir les mêmes prérogatives qu'elle; que la femme étant dispensée d'inscription, on ne pouvait les forcer à s'inscrire sans porter atteinte à leur titre. Par voie de conséquence, lorsqu'il s'était agi de régler les droits des différents subrogés entre eux, la jurisprudence avait décidé que lorsque plusieurs créanciers ont été subrogés dans l'hypothèque légale de la femme, leur rang sur le prix des biens affectés à cette hypothèque devait se régler par la date de leurs subrogations, sans égard aux inscriptions qu'ils auraient jugé à propos de prendre. Un arrêt du 13 novembre 1854 résume sur ce point le dernier état de la jurisprudence. (*Journ. du Pal.* 1855, tome Ier, p. 5.)

III. L'art. 9 qui nous occupe change complétement ces trois ordres de principes. Ainsi, à l'avenir : 1° les cessions ou renonciations consenties par une femme mariée à son hypothèque légale, devront être faites par *acte authentique;* 2° elles n'auront d'effet, à l'égard des tiers, qu'autant qu'elles auront été rendues publiques par les subrogés qui les *feront inscrire ou mentionner sur le registre des hypothèques;* 3° enfin les dates des inscriptions ou mentions déterminent l'ordre dans lequel ceux qui ont obtenu des cessions ou renonciations exercent les droits hypothécaires de la femme.

IV. En exigeant l'inscription des subrogations, le législateur a considéré que les dispositions exceptionnelles qui régissent l'hypothèque légale, n'étant introduites que dans l'intérêt de la femme, ne sauraient être invoquées par les tiers qu'elle aurait subrogés dans ses droits. La dispense de l'inscription existant en faveur de la femme, à raison de la dépendance dans laquelle on la suppose, ce privilége fondé sur un motif tout personnel ne saurait protéger les tiers. L'hypothèque cédée n'en sera pas moins toujours une hypothèque légale, et conservera son caractère de généralité; mais celui qui voudra s'en prévaloir, étant soumis au droit commun, sera tenu de requérir l'inscription.

V. Il importe aussi de remarquer que les droits du subrogé vis à vis des créanciers hypothécaires primés par la femme et inscrits avant la subrogation sont les mêmes que ceux qui auraient appartenu à la femme. Il est évident que ces créanciers antérieurs seront primés par le subrogé, bien que la femme ait négligé de s'inscrire. Il succède, en effet, à cette hypothèque avec tous les avantages qu'elle avait produits au moment du contrat de subrogation.

VI. Quant aux créanciers postérieurs à la subrogation, ils seront préférables au subrogé qui aura négligé de prendre inscription. L'article 9 ne laisse aucun doute à cet égard; les cessionnaires d'hypothèque légale n'en sont saisis à l'égard des tiers que par l'inscription de cette hypothèque prise à leur profit.

Ainsi donc, les subrogés auront le plus grand intérêt à faire inscrire l'hypothèque légale qui leur aura été cédée ou, si l'hypothèque légale a déjà été inscrite, à faire mentionner en marge de l'inscription préexistante, la subrogation à eux consentie.

CHAPITRE III.

Dispositions transitoires.

ARTICLE 10.

La présente loi est exécutoire à partir du 1er janvier 1856.

ARTICLE 11.

Les art. 1, 2, 3, 4 et 9 ci-dessus ne sont pas applicables aux actes ayant acquis date certaine et aux jugements rendus avant le 1er janvier 1856.

Leur effet est réglé par la législation sous l'empire de laquelle ils sont intervenus.

Les jugements prononçant la résolution, nullité ou rescision d'un acte non transcrit, mais ayant date certaine avant la même époque, doivent être transcrits conformément à l'art. 4 de la présente loi.

Le vendeur dont le privilége serait éteint au moment où la présente loi deviendra exécutoire, pourra conserver vis à vis des tiers l'action résolutoire qui lui appartient, aux termes de l'art. 1654 du Code Napoléon, en faisant inscrire son action au bureau des hypothèques, dans le délai de six mois, à partir de la même époque.

L'inscription exigée par l'art. 8 doit être prise dans l'année, à compter du jour où la loi est exécutoire; à défaut d'inscription dans ce délai, l'hypothèque légale ne prend rang que du jour où elle est ultérieurement inscrite.

Il n'est point dérogé aux dispositions du Code Napoléon, relatives à la transcription des actes portant donation ou contenant des dispositions à charge de rendre; elles continueront à recevoir leur exécution.

SOMMAIRE.

I. A partir de quel moment la loi sera-t-elle exécutoire? Rétroagira-t-elle sur les actes antérieurs, quant à l'accomplissement de la transcription ?

II. A quelles conditions n'y aura-t-il pas rétroactivité?

III. Disposition transitoire quant à l'action résolutoire.

IV. Pendant combien de temps le vendeur pourra-t-il prendre inscription?

V. *Quid* quand aux hypothèques légales des femmes devenues veuves, des mineurs devenus majeurs avant la loi nouvelle?

VI. De l'exception relative aux donations. Renvoi.

VII. *Quid* quant aux institutions contractuelles et aux donations des biens à venir?

I. La loi nouvelle sera exécutoire seulement à partir du 1er janvier 1856. Les innovations qu'elle contient étaient trop graves, elles touchaient à un trop grand nombre d'intérêts, pour que le législateur n'ait pas cru devoir laisser quelque temps aux populations pour bien se pénétrer des devoirs nouveaux qui leur sont imposés, et dont l'inaccomplissement peut compromettre à un si haut point leurs intérêts les plus considérables.

Donc, à compter du 1er janvier 1856, la loi nouvelle produira tous ses effets; elle saisira tous les faits qui se passeront sous son empire. Mais qu'adviendra-t-il pour les faits accomplis? Devait-on soumettre à la transcription tous les actes antérieurs contenant transmission ou concession de droits réels ou de propriété? La question s'est agitée devant le Corps législatif.

Pour l'affirmative, l'on disait : affranchir les actes antérieurs de la formalité de la transcription, c'est ôter à la loi tout son nerf; c'est paralyser indéfiniment ses bienfaits; c'est embarrasser et non simplifier l'établissement de la propriété immobilière; c'est enfin déposer le germe d'une multitude de difficultés et de procès qui naîtront de la coexistence de deux législations différentes sur le même sujet.

La commission a reculé devant l'idée de donner à la loi nouvelle un effet rétroactif; il y avait là une impossibilité matérielle d'exécution qui l'a effrayée.

En effet, les chiffres sont de nature à impressionner. « Dans « l'état actuel des choses, fait remarquer avec raison M. « Pont, dans un travail publié par la *Revue de Jurisprudence*, « on compte de 1,100,000 à 1,200,000 ventes, dont 220 à « 230,000 sont transcrites. Ajoutez à cela toutes les conven- « tions qui n'étaient pas sujettes à la transcription et que la loi « nouvelle y va soumettre, comme les licitations, les baux, les « constitutions de servitudes, les contrats de mariage et tant « d'autres; c'est un total qu'on ne peut pas évaluer à moins « de 500,000. Ainsi, des 3,000,000 d'actes que les notaires « reçoivent en France, en voilà 1,600,000 qui vont être sou- « mis chaque année à la transcription. Maintenant, si la loi « nouvelle veut la transcription même pour le passé, il faudra « remonter en arrière au moins tout le temps que comporte la « plus longue prescription, soit trente ans. Ainsi ce serait « trente fois 1,600,000 actes à transcrire, moins les 220 ou « 230,000 qui sont transcrits par an, et nous arriverons au « chiffre énorme de 41,000,000 d'actes dont il faudra opérer « la transcription immédiatement ou dans le délai que la loi « impartirait. » Il y avait donc là une véritable impossibilité ; le législateur a dû renoncer à une pareille exigence.

II. Donc les articles 1, 2, 3, 4 et 9 ne sont pas applicables aux actes ayant acquis date certaine et aux jugemens rendus avant le 1er janvier 1856. Mais il faut que les actes sous seing privé aient acquis date certaine avant cette époque, et l'on sait que l'article 1328, relatif aux moyens d'acquérir date certaine pour un acte sous seing privé, est limitatif. Les personnes dont les droits ont été transmis ou constitués ainsi ne sauraient donc trop vivement se préoccuper du point de savoir si leur titre a été enregistré, si l'une des parties qui y ont figuré est décédée, ou enfin si mention en a été faite dans un acte enregistré. Faute d'avoir acquis date certaine avant le 1er janvier 1856, le titre sous seing serait présumé antidaté et il tomberait sous le coup de la loi nouvelle, et à défaut de transcription il deviendrait sans effet à l'égard des tiers.

Rappelons que les art. 1, 2, 3, 4 et 9 sont relatifs aux transmissions de propriété immobilière ou de droits réels susceptibles d'hypothèques, aux constitutions d'antichrèse, de servitude, d'usage ou d'habitation, aux baux de plus de dix-huit ans, et enfin aux subrogations à l'hypothèque légale des femmes mariées.

Toutefois, l'art. 11 ajoute que les jugements prononçant la résolution, nullité ou rescision d'un acte non transcrit, mais ayant date certaine avant la même époque, doivent être transcrits conformément à l'art. 4 de la présente loi.

III. Après avoir déterminé les dispositions transitoires qui seraient applicables à la formalité de la transcription, l'art. 11 s'occupe de l'action résolutoire du vendeur et de l'obligation nouvelle imposée aux femmes mariées devenues veuves, aux mineurs devenus majeurs, aux interdits qui ont recouvré l'exercice de leur raison et de leur liberté, l'obligation de faire inscrire l'hypothèque légale qui leur appartient sur les biens de leurs maris ou de leurs tuteurs. Pour ces différents droits, la loi nouvelle sera applicable même aux faits accomplis, même au vendeur qui depuis longtemps aura vendu, même aux femmes mariées et aux majeurs qui auront perdu leur mari, ou qui auront atteint leur majorité bien avant le 1er janvier 1856. Seulement, un délai leur est accordé pour pouvoir accomplir leur obligation. Les dispositions de l'art. 11 relatives à ces différents points n'ont pas besoin de commentaire.

IV. Ainsi : 1° l'art. 11 dispose que le vendeur dont le privilége sera éteint au moment où la présente loi deviendra exécutoire, c'est à dire avant le 1er janvier 1856, pourra conserver vis à vis des tiers l'action résolutoire qui lui appartient, aux termes de l'art. 1654 du Code Napoléon, *en faisant inscrire son action au bureau des hypothèques dans le délai de six mois à partir de la même époque.* Faute par lui d'avoir pris cette inscription, son action résolutoire serait perdue entre ses mains; elle demeurerait sans effet possible contre les tiers acquéreurs ou les créanciers hypothécaires sur l'immeuble; contre tous ceux enfin qui auraient acquis sur l'immeuble des droits réels et qui se seraient conformés, pour les conserver, aux formalités prescrites par la loi. Donc, à partir du 1er juillet 1856, les tiers n'auront plus à craindre d'action résolutoire occulte de la part du vendeur; car il n'y aura de droit résolutoire qui leur soit opposable que celui qui aura été rendu public par une inscription au bureau des hypothèques.

V. 2° De même, pour les hypothèques légales des femmes mariées devenues veuves avant le 1er janvier 1856, des mineurs ayant atteint leur majorité avant la même époque, des interdits également relevés de leur interdiction, la loi les assujettit à l'inscription de cette hypothèque. L'inscription exigée par l'art. 8, porte l'art. 11, doit être prise dans l'année à compter du jour où la loi est exécutoire. A défaut d'inscription dans ce délai, l'hypothèque légale ne prend rang que du jour où elle est ultérieurement inscrite. C'est encore là une disposition de la plus haute importance. Que de veuves, que de majeurs sont exposés à voir s'évanouir leur hypothèque légale, faute de s'être conformés à l'art. 11 et d'avoir fait inscrire leur droit dans le courant de l'année 1856 et avant le 1er janvier 1857.

VI. Pour en finir avec l'article 11, il ne nous reste plus que quelques explications à donner sur le paragraphe final. « Il « n'est point dérogé, porte ce paragraphe, aux dispositions « du Code Napoléon relatives à la transcription des actes por- « tant donation ou contenant des dispositions à charge de « rendre; elles continueront à recevoir leur exécution. »

VII. Nous avons déjà indiqué cette exception dans l'art. 1er, en faisant observer que la loi nouvelle ne s'appliquait qu'aux actes à titre onéreux. Les donations et les substitutions, soit entre vifs, soit testamentaires, demeurent assujetties à la transcription exigée par les art. 939, 941 et 1060 du Code Napoléon.

Mais que décider à l'occasion de certains actes qui, comme les institutions contractuelles et les donations de biens à venir, sont donations par la forme et le caractère d'irrévocabilité, et néanmoins participent du testament en ce qu'ils n'ont d'effet qu'au décès du donateur ou de l'instituant? Il est peut-être regrettable que la loi nouvelle n'en ait pas parlé; l'attention du législateur avait été appelée sur ce point par M. Pont. « La « combinaison de l'art. 1er du projet, disait le savant juris- « consulte, avec le dernier paragraphe de l'art. 13 qui main- « tient, par une déclaration expresse, la disposition du Code « Napoléon relative à la transcription des donations, conduira « nécessairement à poser la question, et le projet de loi ne « fournit aucun texte à l'aide duquel elle puisse être tran- « chée. »

Malgré le silence de la loi nouvelle, la question ne saurait être d'une solution difficile. Il faut étendre à ces sortes d'actes l'exception que le législateur a virtuellement consacrée pour les testaments. Les raisons de décider sont les mêmes. De plus, par rapport à celles de ces dispositions qui, quoique irrévocables, peuvent être annulées par des transmissions à titre onéreux que consentirait le donateur, la transcription n'aurait aucune signification, car la transmission ne saurait avoir pour résultat de rendre impossibles ces transmissions au préjudice du donataire. C'était aussi l'opinion de M. Pont. (*Revue de Jurisprudence*, année 1855, t. Ier, p. 168 et 169.)

ARTICLE 12.

Jusqu'à ce qu'une loi spéciale détermine les droits à percevoir, la transcription des actes ou jugements qui n'étaient pas soumis à cette formalité avant la présente loi, est faite moyennant le droit fixe d'un franc.

Lors de la discussion de cet article, un membre de la chambre demanda qu'en même temps qu'on adoptait la loi, le gouvernement soumît à la chambre une loi de tarif. Suivant lui, le grand inconvénient de la loi était de rendre la transcription obligatoire sans fixer en même temps le tarif des frais. L'orateur craignait que la mise à exécution de la loi, avant la fixation des frais qu'elle doit imposer, ne laissât s'établir des habitudes de perception qu'il ne serait peut-être pas facile de faire cesser; il redoutait les abus de la transition. Il ne combattait pas la loi; il n'en demandait pas le rejet; mais il aurait voulu que la discussion en fût ajournée jusqu'à ce que le gouvernement pût apporter à la chambre la loi de tarif.

Cette demande d'ajournement a été vigoureusement combattue par M. Rouher, commissaire du gouvernement, et sur l'observation faite par lui, que des projets avaient déjà été étudiés non-seulement par le conseil d'État, mais aussi par l'administration de l'enregistrement, et que la question s'élaborait, l'art. 12 fut mis aux voix et adopté.

TABLE DES MATIÈRES.

INTRODUCTION.

CHAPITRE Ier. — *De la transcription hypothécaire.*

SECTION Ire.— *Des actes soumis à la transcription.*

CHAPITRE III. — *Dispositions transitoires.*

ROUEN. Imp. de H. RIVOIRE, rue St-Etienne-des-Tonneliers, 1.

Cet Ouvrage se trouve également :

A ROUEN, chez tous les libraires ;

A CAEN, Alfred BOUCHARD, Libraire, rue Notre-Dame, 115 ;

A PARIS, { A. DURAND, rue des Grés, n° 7 ;
MARESQ et DUJARDIN, rue Soufflot, n° 17.

9

www.ingramcontent.com/pod-product-compliance
Ingram Content Group UK Ltd.
Pitfield, Milton Keynes, MK11 3LW, UK
UKHW031955260826
14628UKWH00005B/2071